AF562670

ORDONNANCE DU ROI,

Concernant l'Infanterie Françoise & Étrangère.

Du 25 Mars 1776.

DE PAR LE ROI.

SA MAJESTÉ considérant que rien n'est plus préjudiciable au bien de son service que l'inégalité de composition des différens Corps qui forment son Armée; & voulant donner à toutes ses Troupes d'Infanterie francoise & étrangère, une constitution uniforme, solide & permanente, qui puisse les mettre en état de la servir encore avec plus de succès & de gloire que par le passé; Elle a en conséquence ordonné & ordonne ce qui suit:

ARTICLE PREMIER.

LES régimens de Picardie, Champagne, Navarre, Piémont, Normandie, la Marine, Béarn, Bourbonnois, Auvergne, Flandre & Guyenne, seront dédoublés pour former vingt-deux régimens de deux bataillons chacun.

2.

LES premier & troisième bataillons du régiment de

Picardie, formeront à l'avenir le régiment de Picardie.

Les ſecond & quatrième bataillons dudit régiment, formeront un régiment de deux bataillons qui ſera mis ſous le titre de *Provence.*

Les premier & troiſième bataillons du régiment de Champagne, formeront le régiment de Champagne.

Les ſecond & quatrième bataillons dudit régiment, formeront un régiment de deux bataillons qui ſera mis ſous le titre de *Ponthieu.*

Les premier & troiſième bataillons du régiment de Navarre, formeront le régiment de Navarre.

Les ſecond & quatrième bataillons de ce régiment, formeront un régiment de deux bataillons qui ſera mis ſous le titre d'*Armagnac.*

Les premier & troiſième bataillons du régiment de Piémont, formeront le régiment de Piémont.

Les ſecond & quatrième bataillons de ce régiment, formeront un régiment de deux bataillons qui ſera mis ſous le titre de *Blaiſois.*

Les premier & troiſième bataillons du régiment de Normandie, formeront le régiment de Normandie.

Les ſecond & quatrième bataillons de ce régiment, formeront un régiment de deux bataillons qui ſera mis ſous le titre de *Neuſtrie.*

Les premier & troiſième bataillons du régiment de la Marine, formeront le régiment de la Marine.

Les ſecond & quatrième bataillons de ce régiment, formeront un régiment de deux bataillons qui ſera mis ſous le titre d'*Auxerrois.*

Les premier & troiſième bataillons du régiment de Béarn, formeront le régiment de Béarn.

Les ſecond & quatrième bataillons de ce régiment, formeront un régiment de deux bataillons qui ſera mis ſous le titre d'*Agénois.*

Les premier & troiſième bataillons du régiment de

Bourbonnois, formeront le régiment de Bourbonnois.

Les fecond & quatrième bataillons de ce régiment, formeront un régiment de deux bataillons qui fera mis fous le titre de *Forès.*

Les premier & troifième bataillons du régiment d'Auvergne, formeront le régiment d'Auvergne.

Les fecond & quatrième bataillons de ce régiment, formeront un régiment de deux bataillons qui fera mis fous le titre de *Gâtinois.*

Les premier & troifième bataillons du régiment de Flandre, formeront le régiment de Flandre.

Les fecond & quatrième bataillons de ce régiment, formeront un régiment de deux bataillons qui fera mis fous le titre de *Cambrefis.*

Les premier & troifième bataillons du régiment de Guyenne, formeront le régiment de Guyenne.

Les fecond & quatrième bataillons de ce régiment, formeront un régiment de deux bataillons qui fera mis fous le titre de *Viennois.*

3.

VEUT Sa Majefté que les régimens dédoublés, prennent rang immédiatement après les régimens d'où ils auront été tirés, & dans l'ordre où ils font nommés dans l'article précédent.

4.

L'INTENTION de Sa Majefté eft que tous les régimens d'Infanterie, tant Françoife qu'Allemande, Irlandoife, Italienne & Corfe, foient à l'avenir compofés de deux bataillons; fe réfervant Sa Majefté d'expliquer fes intentions par une Ordonnance particulière pour fon régiment d'Infanterie.

5.

CHAQUE bataillon fera compofé de quatre compagnies de Fufiliers, & il y aura dans chaque régiment une compagnie de Grenadiers, une compagnie de Chaffeurs, &

une compagnie d'Auxiliaires, Sa Majesté jugeant à propos de créer par la présente Ordonnance lesdites compagnies de Chasseurs & d'Auxiliaires.

6.

CHAQUE compagnie de Grenadiers, sera commandée par un Capitaine, un Capitaine en second, un premier Lieutenant, un Lieutenant en second, & deux Sous-lieutenans; & composée d'un Sergent-major, d'un Fourrier-écrivain, de quatre Sergens, de huit Caporaux, d'un Cadet-gentilhomme, d'un Frater, de quatre-vingt-quatre Grenadiers, & deux Tambours ou Instrumens, formant un total de cent huit hommes, y compris les Officiers.

7.

CHAQUE compagnie Colonelle ou Lieutenante-colonelle, sera commandée par un Colonel en second ou un Lieutenant-colonel, un Capitaine-commandant, un Capitaine en second, un premier Lieutenant, un Lieutenant en second & deux Sous-lieutenans; & composée d'un Sergent-major, d'un Fourrier-écrivain, de cinq Sergens, de dix Caporaux, d'un Cadet-gentilhomme, d'un Frater, de cent quarante-quatre Fusiliers, & de deux Tambours ou autres Instrumens, formant un total de cent soixante-onze hommes, y compris les Officiers, & non compris le Colonel en second ou le Lieutenant-colonel.

8.

CHAQUE compagnie de Fusiliers ou de Chasseurs, sera commandée par un Capitaine, un Capitaine en second, un premier Lieutenant, un Lieutenant en second & deux Sous-lieutenans; & composée d'un Sergent-major, d'un Fourrier-écrivain, de cinq Sergens, de dix Caporaux, d'un Cadet-gentilhomme, d'un Frater, de cent quarante-quatre Fusiliers ou Chasseurs, & de deux Tambours ou autres Instrumens, formant un total de cent soixante-onze hommes, y compris les Officiers.

5

9.

CHACUNE des compagnies de Grenadiers, de Chasseurs ou de Fusiliers, formera quatre divisions d'un nombre égal d'hommes.

10.

SA MAJESTÉ ayant jugé à propos de créer, en vertu de la présente Ordonnance, dans chacun des régimens d'Infanterie Françoise, Allemande, Irlandoise, Italienne & Corse, un Colonel en second, un Quartier-maître-trésorier, un Adjudant; & dans chaque compagnie, un Cadet-gentilhomme, un Sergent-major, un Fourrier-écrivain & un Frater; supprime les Chefs de bataillons, les Aide-major, les Sous-aide-major & le Quartier-maître, existans actuellement dans lesdits régimens: Supprime également Sa Majesté un des deux Porte-drapeaux par bataillon, les Fourriers & les Appointés, tant des compagnies de Grenadiers que de celles de Fusiliers.

11.

AU moyen de ces nouvelles dispositions, l'État-major de chacun desdits régimens, sera composé à l'avenir d'un Colonel-commandant, d'un Colonel en second, d'un Lieutenant-colonel, d'un Major, d'un Quartier-maître-trésorier, de deux Porte-drapeaux, d'un Adjudant, d'un Chirurgien-major, d'un Aumônier, d'un Tambour-major, & d'un Armurier.

12.

INDÉPENDAMMENT du Colonel-commandant & du Colonel en second, il y aura dans chacun des régimens d'Infanterie Allemande, un Colonel-propriétaire, sans appointemens; veut bien cependant Sa Majesté conserver aux Colonels-propriétaires, les appointemens qui leur ont été réglés précédemment, & qu'ils continuent à en être payés tous les six mois, sur les ordonnances particulières qu'Elle fera expédier à cet effet, sans que ceux qui leur succéderont puissent y prétendre.

13.

LES régimens d'Infanterie Allemande, Irlandoise, Italienne & Corse, ayant une justice particulière, Sa Majesté veut bien entretenir un Prévôt dans chacun desdits régimens, & lui régler un traitement de vingt sous par jour; son intention étant que l'habillement lui soit fourni sur la masse du Corps.

14.

LES Colonels-commandans & les Majors de tous les régimens d'Infanterie, ainsi que les Colonels-propriétaires des régimens d'Infanterie Allemande, n'auront point de compagnies; mais l'intention de Sa Majesté est que les Colonels en second & les Lieutenans-colonels aient chacun une compagnie.

15.

LE Sergent-major de chaque compagnie ne sera aucun service; il sera chargé supérieurement aux autres Sergens qui lui seront subordonnés, de tous les détails du service & de la discipline, sous les ordres des Officiers de la compagnie.

Le Fourrier sera un écrivain, & ne sera d'autre service que celui de tenir les registres, former les états & pourvoir au logement de la compagnie.

Le Quartier-maître-trésorier sera chargé de tenir les registres de recette & de dépense, & de recevoir l'argent qu'il déposera dans la caisse; il aura le rang & les prérogatives de Lieutenant.

L'Adjudant aura rang de premier Sergent-major, tous les Sergens-majors des compagnies lui seront subordonnés; il remplira toutes les fonctions de détail que remplissoient les Aide-major & les Sous-aide-major.

Le Major sera suppléé, tant pour son service que pour ses fonctions, par le plus ancien Capitaine, présent au Corps.

16.

INDÉPENDAMMENT de la compoſition réglée ci-deſſus, l'intention de Sa Majeſté eſt qu'il ſoit attaché à chaque régiment d'Infanterie françoiſe & étrangère, une compagnie, ſous le titre de *Compagnie Auxiliaire*, deſtinée en temps de guerre, à pourvoir au remplacement des hommes qui viendront à manquer dans les compagnies de Fuſiliers ou de Chaſſeurs.

17.

CHAQUE compagnie Auxiliaire, ſera commandée par un Capitaine-commandant, un Capitaine en ſecond, un premier Lieutenant, un Lieutenant en ſecond, & deux Sous-lieutenans; & compoſée d'un Sergent-major, d'un Fourrier-écrivain, de cinq autres Sergens, de dix Caporaux, d'un Frater, de deux Tambours ou Inſtrumens, & du nombre de Fuſiliers que Sa Majeſté jugera à propos de régler, vu les circonſtances.

18.

SA MAJESTÉ veut qu'à l'époque de l'exécution de la préſente Ordonnance, un des ſix Officiers, au choix du Colonel, le Sergent-major, trois des cinq autres Sergens, & huit Caporaux, deſtinés à former ladite compagnie en temps de guerre, ſoient établis dans le lieu qui ſera déſigné pour ſervir de dépôt aux recrues de chaque régiment, ainſi qu'il eſt expliqué par l'Ordonnance d'adminiſtration; voulant Sa Majeſté que leſdits Officiers & bas Officiers ſoient payés, en temps de paix, des fonds de la maſſe du Corps, ſur le pied réglé au titre des recrues de ladite Ordonnance.

19.

SA MAJESTÉ voulant traiter favorablement les Officiers, bas Officiers & Soldats de ſon Infanterie françoiſe & étrangère, entend qu'ils jouiſſent de leurs appointemens & ſolde, ſans aucune retenue, ſoit pour les quatre deniers pour livre, ſoit pour la capitation ou toute autre dépenſe; ſon intention étant que leſdits objets ſoient acquittés ſur la Masse générale du corps qui sera établie par la présente Ordonnance.

En conséquence de ces dispositions, Sa Majesté supprime le traitement qui avoit été règlé précédemment pour le temps de guerre, se proposant d'accorder aux Officiers, & particulièrement à ceux des régimens qui seront destinés à entrer en campagne, quelques mois d'appointemens en gratification, & de leur procurer d'ailleurs à la fin de chaque campagne, les secours que les circonstances, la nature de leurs services & leur zèle pourront leur faire mériter.

Sa Majesté étant également disposée à accorder aux bas Officiers, Grenadiers, Chasseurs & Soldats, une ou deux paires de souliers en gratification, proportionnément aux fatigues qu'ils auront éprouvées.

20.

Sa Majesté ayant réglé une paye en tout temps pour ses régimens d'Infanterie françoise & étrangère, Elle veut que les appointemens & solde soient payés auxdits régimens sur le pied,

Savoir;

Infanterie françoise.	Par Jour.			Par Mois.			Par An.
A chaque Capitaine-commandant, cinq livres onze sous un denier un tiers, ci.	5[l]	11[s]	1[d] ⅓.	166[l]	13[s]	4[d]	2000[l]
A chaque Capitaine en second, quatre liv. ci.	4.	//.	//.	120.	//	//	1440.
A chaque premier Lieutenant, deux livres dix sous, ci.	2.	10.	//.	75.	//	//	900.
A chaque Lieutenant en second, deux livr. quatre sous cinq deniers un tiers, ci...	2.	4.	5⅓	66.	13.	4.	800.
A chaque Sous-lieutenant, deux livres, ci.	2.	//	//	60.	//	//	720.
Les Cadets-gentilshommes, seront payés des fonds de l'École Militaire, sur le pied réglé par l'Ordonnance particulière qui les concerne.							
Au Sergent-major des Grenadiers, dix-huit sous, ci.	//	18.	//	27.	//	//	324.
A chacun des autres Sergens de ladite compagnie de Grenadiers, quinze sous quatre deniers, ci	//	15.	4.	23.	//	//	276.

	Par Jour.			Par Mois.			Par An.
Au Fourrier-écrivain, quinze ſous quatre deniers, ci....................	//l	15s	4d	23l	//s	//	276
A chaque Caporal de Grenadiers, dix ſous quatre deniers, ci................	//	10.	4.	15.	10.	//	186.
A chaque Grenadier, ſept ſous quatre den. ci..........................	//	7.	4.	11.	//	//	132.
A chaque Tambour ou Inſtrumens, neuf ſous quatre deniers, ci...........	//	9.	4.	14.	//	//	168.
Au Frater, dix ſous quatre deniers, ci...	//	10.	4.	15.	10.	//	186.
A chaque Sergent-major de Fuſiliers, dix-ſept ſous, ci..................	//	17.	//	25.	10.	//	306.
A chaque autre Sergent, treize ſous quatre deniers, ci..................	//	13.	4.	20.	//	//	240.
Au Fourrier-écrivain, treize ſous quatre deniers, ci..................	//	13.	4.	20.	//	//	240.
A chaque Caporal de Fuſiliers, neuf ſous quatre deniers, ci..............	//	9.	4.	14.	//	//	168.
A chaque Fuſilier ou Chaſſeur, ſix ſous quatre deniers, ci..............	//	6.	4.	9.	10.	//	114.
A chaque Tambour ou Inſtrument, huit ſous quatre deniers, ci............	//	8.	4.	12.	10.	//	150.
Au Frater, dix ſous quatre deniers, ci...	//	10.	4.	15.	10.	//	186.
***État-Major** de l'Infanterie Françoiſe.*							
A chaque Colonel-commandant, onze liv. deux ſous deux deniers deux tiers, ci...	11.	2.	$2\frac{2}{3}$.	333.	6.	8.	4000.
A chaque Colonel en ſecond, cinq livres, ci.	5.	//	//	150.	//	//	1800.
A chaque Lieutenant-colonel, dix livres, ci.	10.	//	//	300.	//	//	3600.
A chaque Major, huit livres ſix ſous huit deniers, ci................	8.	6.	8.	250.	//	//	3000.
A chaque Quartier-maître-tréſorier, trois livres ſix ſous huit deniers, ci......	3.	6.	8.	100.	//	//	1200.
A chaque Porte-drapeau, deux livres, ci.	2.	//	//	60.	//	//	720.
A chaque Adjudant, une livre, ci.....	1.	//	//	30.	//	//	360.
A chaque Chirurgien-major, trois livres ſix ſous huit deniers, ci..........	3.	6.	8.	100.	//	//	1200.
A chaque Aumônier, une livre treize ſous quatre deniers, ci................	1.	13.	4.	50.	//	//	600.
A chaque Armurier, ſix ſous quatre den. ci.	//	6.	4.	9.	10.	//	114.

Infanterie Allemande, Irlandoise, Italienne & Corse.	Par Jour.	Par Mois.	Par An.
A chaque Capitaine-commandant, six liv. treize sous quatre deniers, ci.......	6l 13f 4d.	200l " "	2400l
A chaque Capitaine en second, quatre livr. six sous huit deniers, ci...........	4. 6. 8.	130. " "	1560.
A chaque Sergent-major, une livre, ci....	1. " "	30. " "	360.
Tous les autres grades, soit Officiers, Sergens, Caporaux, Grenadiers, Chasseurs, Fusiliers, Tambours, Instrumens ou Fraters, seront payés sur le même pied que dans l'Infanterie françoise.			
ÉTAT-MAJOR des régimens d'Infanterie Étrangère.			
A chaque Colonel-commandant, trente-trois livres six sous huit deniers, ci....	33. 6. 8.	1000. " "	12000.
A chaque Colonel en second, seize livres treize sous quatre deniers, ci.......	16. 13. 4.	500. " "	6000.
A chaque Adjudant, une livre six sous huit deniers, ci................	1. 6. 8.	40. " "	480.
A chaque Tambour-major, une livre, ci.	1. " "	30. " "	360.
Au Prévôt, une livre, ci..........	1. " "	30. " "	360.
Tous les autres grades de l'État-major, seront payés sur le même pied que dans l'Infanterie françoise.			

21.

VEUT au surplus, Sa Majesté, que sur ladite solde il soit retenu seize deniers par chaque Sergent & Fourrier, & huit deniers par chaque Caporal, Grenadier, Chasseur, Fusilier, Tambour, Musicien & Frater, pour s'entretenir de linge & chaussure, ladite retenue sera conservée dans la caisse du régiment, & le décompte en sera fait tous les quatre mois: L'intention de Sa Majesté étant que la demi-solde des hommes absens par congé, & la solde entière de ceux qui ne rejoindront pas à l'expiration de leurs congés, soient jointes à ladite Masse pour être employées au même objet.

22.

SA MAJESTÉ veut qu'il soit établi, à l'époque de la

nouvelle compoſition réglée par la préſente Ordonnance, une maſſe de trente-ſix livres par homme par an au complet dans chacun des régimens d'Infanterie françoiſe, & de ſoixante-douze livres également par homme, par an, au complet dans chaque régiment d'infanterie Allemande, Irlandoiſe, Italienne & Corſe, pour être employée aux recrues, à l'habillement, à l'équipement, à l'entretien & à toutes eſpèces de réparations ſans diſtinction; ladite maſſe pourvoira également au payement de la capitation & des quatre deniers pour livre, tant des appointemens des Officiers, que de la ſolde des bas Officiers & Soldats, Sa Majeſté continuera de faire fournir l'armement de ſes magaſins.

Ladite maſſe ſera remiſe tous les mois avec la ſolde au Quartier-maître de chaque régiment, pour être dépoſée dans la caiſſe, & elle ſera adminiſtrée par le Conſeil établi dans chaque Corps, conformément à ce qui eſt preſcrit par le règlement d'adminiſtration de ce jour, dans lequel Sa Majeſté a expliqué ſes intentions ſur tous les objets qui concernent la diſcipline & le bien de ſon ſervice.

23.

L'INTENTION de Sa Majeſté eſt que dans les régimens d'infanterie Allemande, Irlandoiſe, Italienne & Corſe, il ſoit prélevé ſur la maſſe établie par l'article précédent, un ſou par jour pour chaque bas Officier & Soldat effectif, lequel ſera joint à la retenue faite pour linge & chauſſure, afin de ſervir de ſupplément à l'entretien deſdits hommes, conformément à ce qui eſt porté par les capitulations deſdits régimens; voulant Sa Majeſté que ce ſou ſoit compris dans le décompte qui doit être fait tous les quatre mois.

24.

LES régimens d'Infanterie, tant françoiſe qu'étrangère, continueront à porter les uniformes qui leur ont été réglés, conformément à l'état qui en a été précédemment arrêté par Sa Majesté, jusqu'à ce qu'Elle juge à propos d'y faire des changemens. Elle enjoint en conséquence aux Colonels de s'y conformer exactement, leur défendant d'y faire, ni de souffrir qu'il y soit fait aucun changement, dont Elle les rendroit responsables.

Sa Majesté se propose de régler incessamment l'uniforme des onze régimens qui seront dédoublés, en vertu des dispositions de la présente Ordonnance.

25.

POUR parvenir à la nouvelle composition prescrite par la présente Ordonnance, l'Officier que Sa Majesté chargera d'y procéder, fera mettre le régiment sous les armes par les ordres du Gouverneur ou Commandant de la place où il se trouvera & en présence du Commissaire des guerres qui en aura la police.

26.

CET Officier fera une revue exacte du régiment, par laquelle il constatera le nombre d'Officiers, bas Officiers & Soldats dont il sera composé, & le Commissaire des guerres fera aussi la sienne pour servir au payement dudit régiment, jusqu'au jour de sa nouvelle composition exclusivement.

27.

LEDIT Officier entrera en détail sur les différentes masses, dressera un état de leur situation & les partagera également entre les régimens qui seront dédoublés, ainsi que les effets d'habillement, d'armement, d'équipement & autres que chaque régiment pourroit avoir en réserve.

Il sera dressé en conséquence un état de tous les effets d'habillement & autres qui se trouveront dans le magasin du régiment, cet état sera porté sur le registre de l'habillement, & lesdits effets seront employés aux réparations, conformément à l'Ordonnance concernant l'habillement.

28.

A l'égard de la maſſe du linge & chauſſure, elle doit ſuivre les compagnies auxquelles elle ſe trouvera affectée.

29.

APRÈS être entré en détail ſur la ſituation des différentes maſſes, comme il eſt preſcrit par l'article 27, l'Officier chargé de l'opération, réunira la maſſe des recrues à celle des menues réparations, & en déduira les payemens qui devront être faits, tant aux Vétérans qu'aux Soldats qui auront ſeize & huit ans de ſervice, pour les dédommager des hautes-payes ſupprimées par l'Ordonnance de ce jour; il formera enſuite un état des ſommes qui ſe trouveront en bénéfice, & que chaque régiment portera en recette ſur la nouvelle adminiſtration; leſdites ſommes devront ſervir de ſupplément à la Maſſe générale, & être employées à l'augmentation d'hommes qui ſera ſucceſſivement ordonnée dans chaque compagnie: Sa Majeſté déclarant au ſurplus, qu'Elle n'accordera pas d'autre ſecours pour ladite augmentation.

30.

DANS les régimens d'Infanterie étrangère où les engagemens & rengagemens ſe payent par terme, il ſera faire ſur les regiſtres des ſignalemens, un relevé exact de ce qui reviendra à chaque bas Officier ou Soldat pour ſon engagement ou rengagement, juſqu'à l'époque où doit finir ſa capitulation; il y ajoutera les ſommes réſervées par les diſpoſitions de l'article précédent, concernant les Vétérans & les hommes qui ont ſeize & huit ans de ſervice; & après avoir diſtrait du bénéfice les ſommes qui devront être employées audit objet, il conſtatera celle que le régiment devra porter en recette ſur la nouvelle adminiſtration, pour être employée comme dans les régimens d'Infanterie françoiſe.

31.

IL ſera formé un état ſéparé de la maſſe du linge &

chauſſure, pour avoir ſeulement connoiſſance de ſa ſituation à l'époque de la nouvelle formation, les ſommes qui y ſont dépoſées appartenant à chaque bas Officier ou Soldat.

32.

L'OFFICIER chargé de l'exécution des ordres de Sa Majeſté, fera dreſſer un état des dettes perſonnelles des Officiers, s'il s'en trouve, leſquelles dettes doivent ſuivre le régiment auquel ces Officiers feront attachés.

33.

LEDIT Officier procédera enſuite à faire dreſſer un contrôle de tous les Officiers qui compoſeront le régiment, contenant leurs noms, ſurnoms, la date & les lieux de leur naiſſance, le détail de leurs ſervices, & enfin l'époque de leurs différens grades.

34.

IL ſera également formé un état, contenant les noms, ſurnoms & ſervices des Sergens, Caporaux, Appointés, Grenadiers, Fuſiliers & Tambours, que cet Officier jugera abſolument hors d'état de ſervir & qui ſeront dans le cas d'être admis aux Invalides, ou de ſe retirer chez eux avec le traitement réglé par l'Ordonnance de ce jour. Il joindra à ces états leurs congés abſolus, les certificats de leurs ſervices, & ceux des bleſſures qui les rendront ſuſceptibles de ces grâces; après quoi il les fera mettre en marche pour ſe rendre à l'Hôtel, ſur les routes qui ſeront envoyées à cet effet.

35.

SI dans un régiment, quelques frères ou neveux, du même grade, ſe trouvoient ſéparés par le dédoublement ordonné par la préſente Ordonnance, Sa Majeſté veut bien permettre qu'avec l'agrément du Colonel, ils puiſſent changer de régiment & d'emplois pour ſe réunir dans le même Corps.

36.

L'OFFICIER qui procédera à l'exécution de ladite opération, ordonnera l'incorporation de la feconde compagnie des Grenadiers dans la première, & celle des compagnies de Fufiliers, commandées par les huit moins anciens Capitaines de tout le régiment dans les huit plus anciennes qui devront refter fur pied.

37.

DANS les régimens dédoublés qui ont leurs feconds bataillons dans les îles, la compagnie de Grenadiers ne fera formée que par moitié, tant pour le nombre d'Officiers, que pour celui des bas Officiers & Grenadiers, ainfi que la compagnie de Chaffeurs; de manière qu'à la réunion des compagnies de ces régimens, la formation prefcrite par la préfente Ordonnance fe trouve établie : Sa Majefté ordonne en conféquence que l'incorporation defdits bataillons détachés, foit faite en incorporant les quatre moins anciennes compagnies de Fufiliers dans les quatre plus anciennes qui devront refter fur pied; que la moitié de la compagnie de Grenadiers du bataillon détaché, foit commandée par un Capitaine en fecond, un Lieutenant en fecond & un Sous-lieutenant, ce qui s'exécutera également pour la compagnie de Chaffeurs.

Ledit Officier choifira dans les compagnies de Fufiliers le nombre de Sergens, Caporaux, Soldats, Tambours ou inftrumens néceffaires pour compofer la compagnie de Chaffeurs, qui feront choifis entre les plus leftes, les plus vigoureux & les plus propres à ce genre de fervice, fans avoir égard à la taille; ladite compagnie de Chaffeurs fera portée, dans le moment de la nouvelle compofition, au même nombre d'hommes que celles de Fufiliers, pour, les unes & les autres, être augmentées fucceffivement jufqu'à ce qu'elles foient parvenues à la compofition réglée par la préfente Ordonnance.

38.

Les compagnies de Grenadiers, de Chasseurs & de Fusiliers, étant ainsi composées, on y attachera les Officiers qui devront les commander; l'intention de Sa Majesté est que les deux Chefs de bataillon qui sont supprimés par les dispositions de la présente Ordonnance, soient attachés aux deux premières compagnies de Fusiliers, & que le Capitaine qui les suivra par son ancienneté, soit placé à la compagnie de Grenadiers; le Colonel choisira ensuite dans le nombre des Capitaines qui devront rester sur pied, celui qu'il trouvera le plus propre au genre de service de Chasseurs, pour le placer à la tête de ladite compagnie, les autres compagnies de Fusiliers, seront données au Colonel en second, au Lieutenant-colonel & aux Capitaines les plus anciens de commission de tout le régiment, y compris les Aide-major ayant commission de Capitaine, dont les charges seront supprimées.

39.

Les drapeaux seront attachés aux compagnies Colonelle & Lieutenante-colonelle, & ces deux compagnies seront toujours placées au centre des bataillons.

40.

Les Capitaines qui se trouveront sans compagnies, les Aide-major supprimés, ayant commission de Capitaine, & les autres Officiers pourvus de semblables commissions, seront placés suivant la date desdites commissions dans les différentes compagnies en qualité de Capitaines en second, le plus ancien à la compagnie de Grenadiers, un desdits Officiers à celle de Chasseurs, au choix du Colonel, & les autres par ordre d'ancienneté aux compagnies de Fusiliers.

41.

Après que les Capitaines & les autres Officiers en ayant la commission, seront placés dans les compagnies en qualité de Capitaines en ſecond, ſi leur nombre excédoit celui preſcrit par les diſpoſitions de la préſente Ordonnance; Sa Majeſté veut que les moins anciens deſdits Officiers rempliſſent les places de premiers Lieutenans, qu'ils jouiſſent du traitement qui leur eſt réglé & en faſſent le ſervice, juſqu'à ce qu'ils puiſſent être remplacés en ladite qualité de Capitaines en ſecond.

42.

IL ſera placé enſuite à la compagnie de Chaſſeurs, un Lieutenant au choix du Colonel, & dans les autres compagnies, tant les Lieutenans par ordre d'ancienneté que les Aide-major qui n'ont pas la commiſſion de Capitaine, les Sous-aide-major qui ont le rang de Lieutenant, le Quartier-maître & les Porte-drapeaux qui auront obtenu précédemment ledit rang de Lieutenant.

43.

LES Lieutenans les moins anciens qui n'auront pu être admis aux places de premiers Lieutenans, rempliront celles de Lieutenant en ſecond & de Sous-lieutenant, dans les compagnies de Grenadiers, de Chaſſeurs ou de Fuſiliers, chacun ſuivant leur ancienneté.

Les Officiers parvenus par les grades de Fourrier ou de Sergent, ainſi que les Porte-drapeaux qui ſe trouveront dans l'une ou l'autre de ces claſſes, ſeront placés de préférence aux compagnies de Grenadiers.

44.

SA MAJESTÉ veut bien conſerver à la ſuite des régimens, les Officiers qui ſe trouveront ſupprimés par les diſpoſitions de la préſente Ordonnance, & leur régler la moitié des appointemens dont ils jouiſſent actuellement; ils ſeront tenus d'y faire le ſervice de leur grade pendant les mois de Juillet, Août & Septembre; voulant Sa Majeſté qu'ils ſoient remplacés par préférence aux premiers emplois qui viendront à vaquer.

45.

L'INTENTION de Sa Majeſté eſt que les Fourriers actuellement exiſtans, rempliſſent les places de Sergens-major, chacun ſuivant leur ancienneté, & que ceux qui ſe trouveront excéder le nombre fixé par la préſente Ordonnance, paſſent aux autres places de Sergent, les Sergens aux places de Caporaux, & que les Caporaux excédans faſſent nombre dans les compagnies de Grenadiers & de Fuſiliers, pour y faire le ſervice juſqu'à ce qu'ils puiſſent être remplacés chacun dans leur grade; voulant bien Sa Majeſté leur conſerver les hautes-payes dont ils jouiſſent, juſqu'audit remplacement, qui aura lieu par préférence à tout autre.

46.

QUANT aux Tambours ou Muſiciens qui ſe trouveront également excéder la nouvelle compoſition, ils ſeront placés dans les compagnies comme Fuſiliers, s'ils ont la taille preſcrite, ſans pouvoir prétendre à la haute-paye dont ils jouiſſoient, qui étoit deſtinée à l'entretien de leur caiſſe, & il ſera expédié des congés abſolus à ceux qui ne ſe trouveront pas avoir la taille & la tournure néceſſaires pour être admis dans les compagnies de Fuſiliers.

47.

LES deux Colonels qui ſont établis dans chaque régiment d'Infanterie allemande, indépendamment du Colonel-propriétaire, prendront rang entre eux de la date de leurs commiſſions; l'intention de Sa Majeſté étant que le plus ancien ſoit pourvu de la place de Colonel-commandant, & l'autre de celle de Colonel en ſecond.

48.

LES Grenadiers continueront à être tirés des compagnies de Fuſiliers, qui les fourniront chacune à leur tour; mais les Chaſſeurs ſeront choiſis dans le nombre des recrues qui paroîtront les plus propres à ce genre de ſervice.

49.

CES opérations faites, on procédera au choix du Quartier-maître-trésorier & de l'Adjudant; ce dernier sera pris dans le nombre des Fourriers actuellement existans, avec l'attention de choisir celui qui sera le plus distingué par son intelligence, son zèle, son activité & sa bonne conduite.

50.

APRÈS que l'Officier chargé de l'opération, aura égalisé les compagnies pour le nombre d'hommes, & qu'il les aura complétées en Officiers, Sergens & Caporaux, suivant ce qui est prescrit ci-dessus; il formera & assemblera le Conseil d'administration, fera établir les différens registres ordonnés & dresser en sa présence le contrôle des hommes qui composeront chaque compagnie, conformément au règlement de ce jour; il ordonnera aussi aux Capitaines, d'établir les livres particuliers des signalemens de leurs compagnies qu'il se fera présenter, & après les avoir vérifiés, il les approuvera.

51.

IL fera ensuite, en présence dudit Conseil, la lecture de l'Ordonnance portant règlement sur l'administration; il expliquera la manière dont elle doit être exécutée: & il ordonnera aux Officiers de ce Conseil, de la part de Sa Majesté, de s'y conformer littéralement, sous peine de désobéissance.

52.

L'INTENTION de Sa Majesté est, qu'il soit dressé par les Commissaires des guerres qui seront présens à l'exécution de la présente Ordonnance, des procès-verbaux de la nouvelle composition desdits régimens: voulant Sa Majesté que le traitement qui y est réglé, ait lieu en tout point, à commencer du jour de la date desdits procès-verbaux, dont il sera remis un double signé desdits Commissaires des guerres aux Trésoriers; voulant aussi Sa Majesté qu'il en ſoit envoyé des doubles au Secrétaire d'État ayant le département de la guerre.

53.

Sa Majesté déroge à toutes les Ordonnances précédemment rendues qui ſeroient contraires aux diſpoſitions de la préſente.

Mande & ordonne Sa Majeſté aux Officiers généraux ayant commandement ſur ſes Troupes, aux Gouverneurs & Commandans de ſes villes & places, aux Colonels, aux Intendans en ſes provinces & ſur ſes frontières, aux Commiſſaires des guerres & à tous autres ſes Officiers qu'il appartiendra, de tenir la main à l'exécution de la préſente.

Fait à Verſailles le vingt-cinq mars mil ſept cent ſoixante-ſeize. *Signé* LOUIS. *Et plus bas,* Saint-Germain.

A PARIS,
DE L'IMPRIMERIE ROYALE.

M. DCCLXXVI.

www.ingramcontent.com/pod-product-compliance
Lightning Source LLC
LaVergne TN
LVHW020457230826
846091LV00008BA/3261

* 9 7 8 2 3 2 9 6 2 3 1 5 3 *